Isabelle Darras

Un corbeau dans la classe

Ernst Klett Verlag
Stuttgart - Leipzig

Table des matières

Qui est qui?

Walid Colette Mélina Léo

M. Bailly M. Milou M. Francis Mme Zerrouk

1. Walid

Walid ferme la porte. Son père va à la gare prendre son TGV pour Paris. Il rentre à Grenoble en fin d'après-midi. L'adolescent est maintenant seul dans l'appartement. C'est bientôt l'heure, pour lui, d'aller au collège et de retrouver sa classe de 4ème C. Il est presque prêt. Il doit encore faire son sac. Il va chercher son carnet de correspondance où il y a un mot d'absence de son père dans la salle à manger puis son cahier de mathématiques dans le salon. Voilà, maintenant, il a tout. Il a encore le temps de prendre un petit-déjeuner express et d'écouter sa musique. Son casque sur la tête, Walid pose son sac et sa veste sur une chaise de la cuisine puis il ouvre le frigo. Il n'a pas vraiment faim, mais il doit bien manger quelque chose. Il prend un yaourt. Il mange debout et regarde les cartes postales sur la porte du frigo. Sur une des cartes, il lit: «Salut tout le monde! Merci pour le week-end au ski. C'était super. À bientôt, Lila et Paul.» Walid aussi a adoré ce week-end en famille avec sa tante et son oncle.

Sur la porte, il y a aussi un prospectus sur des cours de judo. Encore une idée de son père qui fait du judo depuis des années et qui adore ça. Quand est-ce qu'il va comprendre: son fils n'est pas comme lui? Les fils ne doivent pas toujours faire comme leur père.

Walid n'a plus faim. Et voilà, boum, boum, boum … Le cœur du garçon va trop vite tout à coup. C'est toujours comme ça le matin quand il doit aller au collège. Il a mal au ventre aussi.
Le médecin a demandé:
– Quand est-ce que ça a commencé? Tu sais?
Le garçon ne sait plus. Ou plutôt si, il sait. Mais il ne peut pas raconter parce qu'il a trop mal au ventre. Pour le médecin, Walid n'est pas malade. Mais les médecins ne savent pas tout.
Depuis, son père demande souvent à Walid:
– Ça va au collège?
Son fils répond toujours:
– Oui, tout va bien.
Mais il déteste le collège. C'est tout. Quand tu as 14 ans, c'est quoi, la solution? Il n'y a pas de solution.
Walid pense: «Nous, les adolescents, nous devons aller en cours, apprendre des leçons, écouter les profs, être des jeunes comme les autres. Mais à 14 ans, tu ne peux pas rester à la maison et passer tes journées dans ton lit, avec ton portable, ton ordinateur ou ta télé. Tu dois quitter les gens que tu aimes et passer tes journées au collège avec des gens que tu n'aimes pas toujours.»

Quand Walid a son casque sur la tête et qu'il écoute de la musique, il oublie tout. Il oublie qu'il va mal. Il oublie qui il est …
Son portable vibre. Walid ne lit pas le message.
Il pense: «Oui, je sais, je sais … C'est l'heure.» Et il pose son casque.

2. Colette

Le matin, Colette est toujours contente d'aller au collège. Elle passe devant la cuisine. Elle ne voit personne. Sa mère est dans la salle de bain avec ses deux petites sœurs.
Colette adore les petites, «ses petites princesses», mais elles prennent beaucoup de place dans la maison et le lundi matin, après un week-end en famille, Colette a très envie d'aller au collège. Vite, elle monte sur son vélo et vite, elle traverse la rivière l'Isère sur la passerelle Saint-Laurent, puis elle va dans les rues de Grenoble, la rue Brocherie puis la place Sainte-Claire. Elle aime la ville. Il y a une belle lumière violette sur les maisons. Il fait un peu froid et encore sombre mais elle se sent bien. Elle cherche le soleil derrière les montagnes, mais il pleut. Bientôt l'hiver. Tout-à-coup, c'est trop beau. Entre deux rues, Colette arrête son vélo, prend son portable et fait une photo.

Avec sa classe de 4ème C, Colette va souvent à la montagne. La 4ème C est la seule «classe montagne» du collège. Une à deux fois par mois, ses élèves font des sorties et participent avec leurs profs à des activités à la montagne.

Il y a un mois, ils ont pris le téléphérique et visité le fort de la Bastille, un site touristique à Grenoble. Ensuite, ils ont découvert la via ferrata, une activité entre randonnée et escalade. Mercredi, ils vont aller dans les montagnes du Vercors. Pour Colette, c'est une chance. Maintenant, elle sait faire beaucoup de choses comme le ski ou l'escalade. Avec sa famille, elle ne va pas à la montagne. Le mari de sa mère n'aime pas trop la montagne.

En route pour le collège, Colette passe dans le parc puis retrouve la rue. Mais tout à coup, une voiture arrive vite, très vite sur l'adolescente. Que faire? Sur son vélo, Colette cherche une solution. Tourner à gauche? Mais il y a le tram. Colette va vite à droite. Mais vroum, la voiture est déjà là. Elle passe à cinq centimètres de l'adolescente. Ouf, elle a son casque et … de la chance. Elle n'a pas mal, elle n'a rien. Mais Colette a eu trop peur. Elle a envie de crier. Il n'y a personne dans la rue et la voiture est déjà loin. Colette regarde le tram qui fait un arrêt. Dans le tram, il y a trois personnes et une fille de sa classe. C'est Mélina Dubois avec sa grosse tache rouge sur le visage. Mélina a vu Colette. Pourquoi est-ce qu'elle n'aide pas Colette? Parce qu'elles n'ont pas une seule fois parlé ensemble depuis la rentrée et que Mélina est timide? Ou parce qu'elle n'est pas sympa?

3. M. Bailly

Le principal du collège aime bien arriver tôt le matin dans son bureau. Il prend son temps pour préparer le travail de la journée, puis discute avec Monsieur Milou, le CPE, quand il arrive. Il y a un problème de harcèlement dans la 4ème C, une classe jusque-là sans problème avec des élèves très sympas. Comme Walid et Colette, deux élèves de la classe que Monsieur Bailly et Monsieur Milou rencontrent ensuite dans la cour. Colette est un petit soleil toujours en grande forme. Surtout le lundi matin quand elle a deux heures de mathématiques avec Madame Zerrouk, sa prof préférée. Walid montre son carnet de correspondance avec le mot d'absence de son père au CPE. Il a été malade. Il a l'air encore un peu blanc. Depuis la rentrée, Walid a souvent été absent. Il n'a pas participé à de nombreuses sorties à la montagne. Et c'est nouveau: ses notes ne sont pas très bonnes. Quand on parle avec lui, Walid est là sans être vraiment là. Quelque chose a l'air de préoccuper le garçon.

Monsieur Bailly va, avec Monsieur Milou, voir Madame Zerrouk, la prof de maths de la 4ème C, dans la salle des professeurs. Dans la pièce, il n'y a presque personne. Le principal explique la situation à Madame Zerrouk. Il sait qu'il ne peut pas attendre la fin des cours. Il doit tout de suite parler aux élèves du problème. Comme Monsieur

Milou, Madame Zerrouk est d'accord avec le principal.
Quand ils arrivent à trois dans la classe, les élèves savent tout de suite qu'ils ne doivent plus discuter.

– Fermez vite la porte!

Les élèves vont à leur place en silence. Tout le monde écoute le principal qui explique:

– Aujourd'hui, si je suis dans votre classe de 4ème C avec monsieur le CPE, c'est pour une affaire très sérieuse. J'ai appris que…

Monsieur Bailly fait une pause. Il regarde les élèves les uns après les autres.

Silence.
Les élèves ouvrent grand les yeux.
Oui, ils savent et, pour eux, c'est le choc.
Le principal continue:

– Votre camarade Mélina Dubois est très courageuse. Elle m'a parlé des lettres. Nous avons pu discuter de ça ensemble.

Mélina Dubois, c'est une nouvelle élève. Elle est au collège depuis septembre et elle est encore souvent seule dans la cour, au CDI. Pourquoi est-ce qu'elle n'a pas encore de copains? Est-ce qu'elle ne parle à personne parce qu'elle n'aime personne? Ou est-ce que c'est le contraire?

4. Mélina

Mélina est vraiment très gênée. Elle n'aime pas être au centre de l'attention. Tout le monde regarde vers elle et Mélina déteste ça.

Tout le monde doit regarder la tache rouge qu'elle a sur le visage. Tout le monde doit penser: «Quelle idée bizarre d'écrire à la fille à la tache!»

Alors, elle regarde ses pieds.

Le principal dit:

– Nous ne pouvons pas rester comme ça sans rien faire. Je donne jusqu'à vendredi 8 heures à la personne qui écrit les lettres pour venir dans mon bureau et parler. Si je ne vois personne dans mon bureau, je vais faire une dictée: tout le monde va devoir écrire une des lettres anonymes. Le but de la dictée: découvrir qui écrit les lettres à votre camarade.

Mélina pense: «Je n'ai déjà pas d'amis, mais avec ça, c'est foutu pour toujours!»

L'adolescente a envie de partir, d'être loin. Loin du collège, de Grenoble et de la France. Elle a envie de prendre le téléphérique, de monter à la Bastille et d'aller de l'autre côté des montagnes jusqu'en Asie. Elle pense à sa mère et à son père qui sont là-bas où ils travaillent et habitent avec elle depuis de nombreuses années maintenant. L'été, ils rentrent toujours en France à trois pour les vacances. Mais, l'été dernier, Mélina a dû venir en France seule et, à la fin des vacances, les parents ont demandé à l'adolescente de rester chez sa tante à Grenoble à cause d'évènements dans le pays. Le pays n'est plus sûr. Ils ont aussi beaucoup de problèmes dans leur travail et cherchent des solutions. Mélina ne sait pas vraiment pourquoi ses parents ne rentrent pas. Est-ce que c'est dangereux pour eux? Elle ne comprend pas pourquoi elle est ici, seule, à Grenoble. Pourquoi est-ce qu'ils ne veulent rien expliquer? Elle est grande maintenant. Ou est-ce qu'il y a autre chose?
Si Mélina a voulu parler des lettres à sa tante Alice, c'est parce qu'elle a pensé: elle va enfin comprendre que je vais mal et que je ne suis vraiment pas bien au collège, elle va appeler mes parents. Elle va expliquer la situation et demander: «Est-ce que Mélina peut rentrer chez vous, en Asie? Ou alors est-ce que vous pouvez rentrer en France?»
Sa tante a peut-être appelé ses parents. Mais elle a surtout appelé le collège et pris un rendez-vous avec Monsieur Bailly.
Le principal a tout de suite voulu voir les lettres.

Mélina a demandé:

– Je dois changer de collège?

– Tu ne dois rien changer. Nous devons découvrir qui est le corbeau.

– Le corbeau?

– Quel corbeau? a demandé Alice.

– On appelle «corbeau» la personne qui écrit des lettres anonymes, a expliqué le principal.

Maintenant, les élèves posent la même question à Monsieur Bailly. Puis ils veulent savoir. Comment est-ce que le principal va punir le corbeau? Est-ce que le corbeau va devoir quitter le collège?

Monsieur Bailly répond:

– Je n'ai encore rien décidé. Mais bien sûr, je vais devoir punir la personne qui écrit les lettres à Mélina.

Après le départ du principal et de Monsieur Milou, tout le monde est encore sous le choc. Madame Zerrouk dit:

– Prenez vos cahiers! On va faire l'interrogation jeudi prochain. Aujourd'hui, on commence une nouvelle leçon.

5. Mme Zerrouk

Nathalie Zerrouk dort très mal depuis lundi. Pas à cause de son bébé, mais à cause du collège. La nuit, elle pense à ses élèves. Elle pense bien sûr surtout à Mélina Dubois: «C'est une élève sérieuse de la 4ème C avec de bons résultats, mais qui ne participe pas beaucoup en cours.»
Après la rentrée, la prof de maths a rencontré sa tante quand l'adolescente est arrivée au collège. Mélina habite chez elle avec ses cousins depuis l'été. Ses parents sont en Asie. La prof a demandé:
- Pourquoi Mélina n'est-elle pas restée avec eux?
Sa tante a parlé d'évènements dangereux dans le pays: des manifestations très violentes. À cause de ça, les parents ont des problèmes dans leur travail. Nathalie Zerrouk n'a rien entendu à la télé. Mais les problèmes de ses parents doivent préoccuper Mélina. Résultat: c'est une fille aux yeux tristes qui ne parle à personne. Une fille qui a besoin d'aide, pas de lettres anonymes.
La prof de maths aime bien faire cours dans la classe des 4ème C. Vingt-cinq élèves, dix filles et quinze garçons sympas. Ils n'écoutent pas toujours, ils discutent beaucoup mais ils sont curieux, intéressants et souvent drôles. Beaucoup sont des copains de sa fille qui est dans une autre classe. Quand Monsieur Bailly et Monsieur Milou sont venus dans la classe parler d'un corbeau, Nathalie Zerrouk a pensé à une blague: «Mais qu'est-ce qu'il raconte, le principal?»
Puis, elle a lu quelques «lettre anonymes». Enfin, pas vraiment des lettres, des petits papiers avec des fautes de français: «Té nul!» «Ici, on aime pas les filles à tache», «Restes chez toi!».

Nathalie Zerrouk ne comprend pas. Pourquoi écrire ça? Pourquoi à Mélina? À cause du corbeau, l'ambiance est maintenant très bizarre au collège. Qui est-il? Un garçon? Une fille? Une chose est sûre: c'est une personne qui a deux visages. Et comme dans un thriller, ça fait un peu peur.

6. Léo

Léo est trop content. Aujourd'hui, sa classe de $4^{\text{ème}}$ C part avec Monsieur Francis, le prof d'EPS, et Madame Zerrouk, la prof de maths, pour une sortie dans le Vercors. Le Vercors, c'est son endroit préféré. Avec ses parents, ils sont déjà souvent venus. Ses grands-parents ont une maison là-bas. Et le sport, c'est la matière que Léo adore. Plus tard, le garçon a envie d'être prof de sport. Mais avec ses mauvaises notes dans les autres matières, surtout en français, ce n'est pas gagné!

Mais voilà, ce matin, le seul jour où il a envie d'être à l'heure, il est en retard. C'est la faute de sa belle-mère. Elle a rangé ses affaires de sport dans la chambre de sa sœur. Résultat: Léo a cherché partout et il est parti trop tard pour le collège.

Quand il arrive, les autres sont déjà là dans le car. Il entend les élèves discuter. Comme tout le monde, ils ont envie de savoir et de trouver des réponses à leurs questions:

– Qui écrit les lettres à Mélina?
– Est-ce que le corbeau est allé parler à Monsieur Bailly?
– Est-ce que cette histoire est bientôt finie?

Les élèves parlent de ça parce que Mélina n'est pas là. Lundi, tout de suite après le cours de mathématiques, elle est partie. Depuis, elle n'est pas venue au collège.

Léo monte dans le car et, tout à coup, c'est le silence. Les gens sont bizarres avec lui. Léo entend des «Croa, Croa» et comprend.

Il dit:
- Vous pensez que je suis le corbeau, c'est ça?
Tout le monde a la même réponse: oui!
Alors, Léo demande:
- Mais vous avez quoi dans la tête?
Colette explique:
- Tu n'aimes pas Mélina Dubois. Tu fais toujours des blagues sur la tache rouge qu'elle a sur le visage, alors …
- Mais c'est seulement une blague! dit Léo.
- Une blague pas drôle. Alors, c'est peut-être toi, le corbeau! Tu parles beaucoup. Tu aimes bien critiquer les gens.
- Moi, le corbeau? rigole Léo. Écrire des lettres à Mélina, moi? Mais, tu m'as vu? J'aime faire du sport, pas écrire!
- Et tu n'aimes pas Mélina!

Colette est rouge comme une tomate. Alors, Léo continue:
– Mélina, ce n'est pas mon problème!
Walid se lève tout à coup.

Léo regarde Walid, mais il ne répond pas. Il ne rigole plus. Qu'est-ce qui se passe tout à coup?
Léo pense: «Pourquoi est-ce que Walid parle? Est-ce qu'il n'a plus peur de moi? Jusqu'à maintenant, Walid n'a parlé à personne des messages que je lui envoie sur son portable et sur les réseaux depuis des mois.»
Léo s'assoit. Pour lui, écrire ces messages à Walid, ça a été un jeu. Mais est-ce que ça a été la même chose pour Walid? Non, bien sûr. Le jeu a été amusant pour Léo, mais horrible pour Walid.
Pour la première fois, Léo a peur. Pour la première fois, il se demande: «Est-ce que j'ai été trop loin avec Walid?»
Pendant le voyage, Léo reste à la fenêtre et regarde de l'autre côté la ville puis les montagnes. Là-bas, c'est le Vercors. Bientôt, il dort. Quand il dort, il ne pense à rien.
Léo n'est pas le seul à dormir dans le car. Beaucoup d'élèves dorment aussi.

7. Walid

Une surprise, un choc, un évènement.
Les mots sont sortis tout à coup de la bouche de Walid.
Le garçon n'a pas tourné la tête. Il a regardé Léo sans bouger, sans partir. Walid n'a plus peur. Il sait que son cauchemar est bientôt fini. Il a enfin pu parler et quand tu parles après un long silence, c'est comme un sauvetage en mer. Tu sors de l'eau et tu respires. Tu ouvres les yeux et tu sais que tout peut changer, que tout va changer.
Ça a commencé à changer dans la tête et le corps de Walid quand il a entendu Monsieur Bailly devant sa classe raconter que Mélina a reçu des lettres anonymes. Il a tout de suite su et il a pensé: «Moi aussi, je veux arrêter ça!»

Puis, ça a continué quand il a vu Léo ne pas répondre à sa question.

Le problème de Walid, ce sont les messages de Léo sur son portable, dans ses mails, sur les réseaux. Cinq ou six par jour. Parfois, c'est vingt ou trente. Léo joue avec lui, mais Walid déteste ce jeu. Alors, parfois, il oublie son portable parce qu'il ne veut pas voir le nom de Léo s'afficher sur l'écran.
Les messages ne sont pas toujours horribles mais ils sont trop nombreux et, souvent, il y a des trucs qui font très mal comme «Ça va, le nul?», «T'es vraiment un garçon?», «Le sport, c'est pas pour toi».

Un autre jour, Walid a eu une photo de Colette sur son portable avec ce message:

> Dommage pour toi!
> Elle est noire!

Un autre jour, il a eu un photo-montage de Colette avec un autre garçon.
Et des questions:

> Problème? Elle sort avec quelqu'un d'autre, tu vois?

> Et toi, tu sors avec qui?

Walid ne comprend pas.
Comment est-ce que Léo sait? Comment est-ce qu'il a su? Il n'a parlé à personne de ses sentiments pour Colette. Depuis le photo-montage, quand Walid rencontre Colette, il ne sait plus comment il doit être avec elle. Résultat: elle doit trouver qu'il est vraiment bizarre.

À cause de ces messages, le jour, Walid va mal. La nuit, il a souvent mal dormi. Est-ce qu'un cœur, ça peut exploser parce que tu as peur, parce que tu es triste, parce que tu trouves que t'es nul?
La nuit, Walid ne dort pas et quand il dort, il fait des cauchemars. C'est horrible d'être un garçon qu'on ne respecte pas.
Et puis il y a aussi la séparation de ses parents. Walid habite avec son père qu'il adore, mais il aime sa mère aussi et ils ne sont pas souvent ensemble. Le garçon a envie de parler avec ses parents des messages de Léo, mais son père et sa mère ont déjà assez de problèmes comme ça.
Les messages de Léo ont commencé à arriver sur son portable quand Walid a entendu ses parents parler:
– On va divorcer, alors.
Ça a été horrible pour Walid. Il a été trop triste, trop mal.
Walid veut arrêter d'être triste. Il y a peut-être des choses qu'il ne peut pas changer comme la séparation de ses parents. Mais il y a aussi des choses qu'il peut changer comme ce jeu nul de Léo. C'est pourquoi, maintenant, Walid dit STOP aux messages.
Maintenant, il dit:

8. Colette

Colette est heureuse. Il fait beau et c'est une super sortie qu'ils font dans le Vercors. Ils sont partis le matin tôt et doivent rentrer dans l'après-midi.
Dans le car, Colette est à côté de Walid. Alors, c'est cool. Walid est le contraire de Léo qui doit toujours critiquer tout le monde, qui n'arrête pas de faire beaucoup de bruit et qui n'écoute personne. Walid est sympa et raconte toujours des trucs passionnants. Surtout, il respecte les gens, filles ou garçons.
Mais Walid a changé depuis la rentrée. Il est parfois très froid avec elle. Par exemple, là, dans le car, quand elle parle avec lui, il n'est pas vraiment là. Il pense à quelque chose, mais à quoi? Cela fait longtemps que Colette trouve qu'elle ne rigole plus avec son ami et qu'il a l'air triste. Longtemps, elle a pensé: «Il doit trouver que je suis ennuyeuse.» Maintenant, elle se dit que c'est autre chose et que le problème vient du garçon. Mais quoi?
L'adolescente ne sait pas. Elle ne sait pas non plus comment parler de ça avec lui.
Est-ce que c'est à cause de ses parents? Walid a raconté qu'ils ne sont plus ensemble. Ou est-ce à cause de Léo? Les deux garçons ne sont plus copains depuis l'année dernière.
Pendant la randonnée, Colette a envie de parler de tout ça avec Walid. Elle a aussi envie de parler avec lui de Mélina qui n'est pas venue à la sortie. Pourquoi est-ce qu'elle n'est pas là? Est-ce qu'elle se sent trop seule à cause des lettres?
Colette cherche Walid pour discuter avec lui, mais elle ne trouve pas le garçon. Léo n'est plus dans le groupe non plus. Colette pense: «Les deux garçons doivent être ensemble, mais où?»

L’adolescente appelle Walid sur son portable mais il n’y a pas de réseau. Alors, elle va voir la prof de maths. Madame Zerrouk dit:
– Tu sais, ils ne sont peut-être pas loin, mais … on ne peut pas rester sans rien faire.
Puis, elle parle au prof de sport.
– Walid et Léo sont venus à la sortie avec nous, mais maintenant, ils ne sont pas là. Est-ce qu’ils sont partis dans une mauvaise direction? Ou est-ce qu’ils ont eu un problème?
– Je vais voir, répond Monsieur Francis et il part tout de suite chercher les garçons.

9. Mélina

Mélina regarde les photos des vacances d'été dans son appareil photo. Au mois d'août, avec sa tante Alice et ses cousins, ils ont fait du camping à Nice dans un super endroit pas cher! Ensuite, ils sont allés à l'hôtel à Marseille puis chez une amie d'Alice à côté d'Avignon. Là-bas, ils ont dormi sur des matelas à la belle étoile. C'était génial.
Mélina adore sa tante et ses cousins. Ils sont très sympas avec elle. Mais, quand Alice veut parler avec l'adolescente et comprendre pourquoi Mélina ne sort pas de sa chambre depuis deux jours et ne va pas au collège, Mélina ne peut pas répondre. Elle ne peut pas encore tout dire à Alice.
Hier soir, les parents de Mélina ont appelé mais l'adolescente n'a pas voulu parler avec eux au téléphone parce qu'elle est en colère. Elle se sent trop seule à cause d'eux.
Elle sait très bien qu'elle ne peut pas rester toujours à la maison. Elle doit regarder la situation en face. Un jour, bientôt, elle va devoir retourner au collège. Et raconter la vérité? Comment faire? Est-ce qu'il y a vraiment une solution?

10. Mme Zerrouk

La prof de maths est restée avec les élèves de la 4ème C.
Elle est inquiète, mais elle ne montre pas à ses élèves qu'elle a peur. Elle dit:
– Bon, nous allons trouver les garçons. Monsieur Francis va vite chercher Walid et Léo.
La prof écoute ses élèves discuter entre eux. Ils parlent de leur classe, de Léo et de Walid.
Une fille dit:
– Walid et Léo perdus ensemble? C'est trop bizarre! Ils ne sont plus copains depuis longtemps.
Les autres élèves sont d'accord:
– Oui, Walid et Léo ne peuvent pas être partis ensemble.
Walid déteste Léo et Léo déteste Walid.
Un garçon rigole:
– Ils sont peut-être morts!
De nombreux élèves ne rigolent pas. La prof non plus.
– Très drôle, Rémy, ta blague!
– Désolé, madame…
Mais maintenant tout le monde veut parler.
– On sait bien que le corbeau, c'est Léo.
– Oui, c'est sûr!
– Est-ce que Walid a voulu parler avec lui? Est-ce que ça a mal tourné?
– Est-ce que Walid a fait ça pour Mélina parce qu'il aime bien Mélina?
– Walid, c'est un garçon secret. Il ne raconte pas sa vie. Il ne parle pas de ses sentiments.
– Dans le car, Walid a raconté un truc bizarre à Léo. J'ai entendu un truc comme: «Le harcèlement, ce n'est pas ton problème

peut-être?» et après ça, Léo n'a plus parlé.
- En 5ème, il y a eu un truc entre Walid et Léo.
- Ah, oui, c'est vrai: Léo a eu des problèmes avec le principal à cause de Walid!
- Normal, il a vu Léo être pas sympa avec une fille. Il a voulu aider la fille et il parlé au CPE. Résultat: Léo déteste Walid.
La prof écoute. Elle apprend beaucoup de choses. Qui sont vraiment ses élèves? Depuis lundi, elle voit sa classe préférée avec d'autres yeux. Ils ont des problèmes entre eux comme dans les autres classes. Ils sont sympas, mais pas toujours sympas entre eux. Elle trouve surtout qu'ils sont préoccupés. Elle aussi est inquiète maintenant.

Pendant ce temps...

Non, ne viens pas … Tu vas tomber. Appelle les profs!
Y'a pas de réseau. J'arrive!
Aïe!
Merci … sans toi …
Je suis désolé pour les messages …
Comment tu sais pour Colette?
J'ai des yeux, tu sais? Je vois bien comment tu regardes Colette …
C'est à cause de Colette que tu fais tout ça?
Colette est mignonne, mais … non, c'est à cause de nos problèmes en 5ème, quand tu es allé raconter des trucs sur moi au CPE.
Mais maintenant, c'est loin tout ça … Moi, j'aime bien Mélina!
Quoi?
Mais, les garçons … qu'est-ce qu'il y a eu?
J'ai fait une chute, mais, ouf, Léo est venu … et il a pu faire une opération de sauvetage!
Bravo, Léo!

11. Walid

Walid a eu peur. Mais maintenant, ça va. Il est dans le car à côté de Colette. Il n'a pas trop envie de parler. Mais il est content d'être à côté d'elle. Il n'a plus mal à son pied et, il se sent bien. Soulagé surtout. Son casque sur la tête, il écoute de la musique, il regarde les montagnes et pense à beaucoup de choses. Aujourd'hui est un super jour parce qu'il a enfin dit non à Léo et découvert que ce n'est pas très compliqué de dire:
– Je ne suis pas d'accord.
Il a peut-être aussi retrouvé un ami. Qui sait?
Dans le car, Walid pense aussi à Mélina. Il a trouvé une solution à son problème avec Léo parce qu'elle a su parler de son corbeau. Mais parler ne change pas toujours tout de suite les choses. Parfois, ça prend du temps.
Pour Walid, si Mélina n'est pas venue à la sortie, c'est parce qu'elle va mal. À cause du corbeau, elle n'a peut-être plus envie d'aller au collège. Walid comprend ça. Il a eu le même sentiment.
Alors quand il entend Colette parler de Mélina aux autres élèves de la classe, il écoute:
– On n'a peut-être pas été très sympas avec Mélina quand elle est arrivée dans la classe.
Tout le monde n'est pas d'accord. Mais de nombreux élèves sont d'accord pour avoir un autre comportement avec elle.
Enfin, le car arrive à Grenoble. Colette dit à Walid:
– Je vais demander le numéro de portable et l'adresse de Mélina à Madame Zerrouk. On ne peut pas laisser Mélina comme ça. Elle doit être trop seule, non?
Walid fait oui avec la tête. Il écoute son amie parler avec la prof. Madame Zerrouk est d'accord:

elle donne à Colette le numéro et l'adresse de Mélina.
Il est un peu tard, mais Walid n'a pas envie de rentrer tout de suite chez lui. Il veut aller dans les rues du centre-ville, voir l'Isère et les montagnes. Il a surtout une personne à voir.

12. Mélina

Mercredi soir, après la sortie, Walid est allé chez Mélina. Il est presque 20 heures quand il arrive chez elle. Il demande:
– Désolé, je sais qu'il est tard. Nous sommes allés à la sortie et nous sommes rentrés tard du Vercors. Mais est-ce qu'on peut parler cinq minutes?
Mélina dit:
– Oui. Ma tante n'est pas encore rentrée du travail et mes cousins ont leurs activités.
Ils sortent dans la rue. Walid commence:
– Je suis venu te voir parce que j'ai eu un problème de harcèlement moi aussi. Si j'ai trouvé le courage de parler, c'est parce que tu es allée voir le principal ... Alors, pour ça, j'ai eu envie de venir te voir. Merci! Merci beaucoup.
Mélina écoute. Elle est un peu gênée. Mais elle ne peut pas expliquer à Walid pourquoi.
Elle demande:
– Et, toi, tu vas voir le principal?
– Non. C'est fini pour moi, maintenant.
– Fini?
– J'ai parlé à la personne qui a envoyé les messages et il va arrêter.

– Comment peux-tu être sûr?
– Parce que maintenant, je n'ai plus peur de parler.
Si j'ai encore des messages, là, je ne vais pas attendre et je vais aller voir Monsieur Bailly, je vais aussi parler à mon père.
Bref, le silence, c'est fini!
Mélina regarde Walid et fait oui avec la tête.
– Toi, avec ton corbeau, ce n'est pas le même problème …
Mélina ne sait pas quoi répondre. Elle a l'air vraiment mal.
Alors, Walid dit:
– On a discuté dans le car avec la classe. Tout le monde pense qu'on n'a pas été assez sympas avec toi. On est désolés.
Mélina dit merci et, vite, elle ferme la porte.
Tout à coup, l'adolescente a envie de pleurer. Parler, c'est peut-être bien. Mais quand on est vraiment seule, comment on fait?
À qui on parle?

Plus tard, le portable de Mélina vibre. C'est un message.

Salut! C'est Colette. Tu n'es pas venue au collège depuis trois jours. T'as besoin des cours?

Mélina répond:

Est-ce qu'on peut parler?

13. M. Bailly

Mélina Dubois entre dans le bureau de Monsieur Bailly. Elle n'est pas venue avec sa tante, mais avec Colette, une fille de sa classe qui attend devant le bureau. Le principal dit tout de suite:

– Je n'ai vu personne dans mon bureau.
Je vais devoir préparer la dictée …

Mais Mélina Dubois fait non avec la tête.
Elle ne veut pas.
Elle explique pourquoi:

Silence.
Puis, enfin, le principal demande:

– Pourquoi tu as raconté ça?

– Je ne sais pas. Enfin, si. J'ai pensé avoir trouvé une solution à mes problèmes. Mais j'ai seulement ajouté des problèmes à d'autres problèmes …

Alors, Mélina raconte les vacances d'été chez sa tante. Sa maison en Asie, ses parents et ses copains là-bas. Sa surprise quand son père et sa mère ont demandé à leur fille de rester à Grenoble. Sa peur pour ses parents à cause des évènements dans le pays. Son sentiment d'être seule.
Le principal écoute tout avec attention. Il comprend très bien Mélina. Il trouve aussi l'adolescente courageuse. Mais il ne peut pas rester sans rien faire, il faut punir Mélina. Comment? Il ne sait pas encore. Il doit discuter avec Monsieur Milou, le CPE, et les professeurs de sa classe.
Mélina trouve ça normal. Tout ça, c'est sa faute.
Elle dit au principal:
– J'ai quelque chose à vous demander.
– Oui. Qu'est-ce que c'est?
– Je voudrais parler à ma classe ce matin, dire la vérité devant tout le monde, raconter pourquoi j'ai inventé ça et m'excuser auprès de mes camarades.
– Vraiment?
– Oui, s'il vous plaît.
– Ils ne vont peut-être pas comprendre.
– Je sais bien. Est-ce que je peux?
Monsieur Bailly est d'accord. Mélina va partir mais le principal demande encore:
– On n'a pas parlé depuis longtemps du harcèlement au collège. Tu vas faire un exposé sur le sujet.

Vous savez tout maintenant … Et, moi, maintenant, j'ai compris deux choses …
D'abord, je vais devoir rester un peu à Grenoble … … Pas parce que mes parents ne veulent pas de moi mais parce qu'ils ont peur pour moi là-bas …
Ensuite, j'ai compris que peut-être je ne suis pas vraiment seule …
Elle doit se sentir seule, il faut plus l'intégrer!
Je veux parler à Colette ce soir.
Elle est courageuse, Mélina!

14. Colette

Le vendredi après-midi au collège, après les aveux de Mélina devant la classe, il y a un grand débat dans la 4ème C.
Il y a beaucoup de questions. Les élèves ne sont pas vraiment en colère contre Mélina, mais ils ont envie de comprendre.
Colette écoute sa nouvelle amie. Elle regarde Walid. Il n'est pas à côté de Colette mais il regarde souvent dans sa direction. Elle trouve le garçon différent depuis la sortie dans le Vercors, mais toujours trop mignon.
Après les cours, Colette veut parler à Mélina mais elle discute déjà avec Léo. Pour la première fois, Léo a l'air un peu timide. Quand il parle, il est rouge comme une tomate.
Tout à coup, Colette entend:
– Colette!
C'est Walid.
– Est-ce qu'on peut parler cinq minutes?
Colette dit oui, mais demande:
– Tu viens avec moi? Je vais chercher mon vélo.
Puis ils marchent ensemble dans la rue. En silence. Colette attend que Walid parle. Enfin, quand ils sont sur les quais de l'Isère, là, Walid commence. Il raconte tout à Colette: le harcèlement par Léo, la séparation de ses parents, la sortie dans le Vercors, la discussion avec Léo pendant la sortie, puis sa chute et ensuite, sa rencontre avec Mélina le soir chez elle ...
En quatre jours, il y a eu plus d'évènements qu'en une année.
Puis Walid explique:
– Y'a que toi qui peux comprendre …
Colette demande:
– Pourquoi est-ce que tu penses ça?
– Parce que tu as toujours été là pour moi.

Toujours sympa avec moi ... Et moi je n'ai pas toujours été cool avec toi.
Colette rigole. Elle ne dit rien. Maintenant, elle comprend.
Walid continue:
– L'histoire du corbeau de Mélina a changé beaucoup de choses. Entre Léo et moi, entre Mélina et notre classe ...
Peut-être aussi entre Mélina et Léo!
Walid rigole. Colette regarde Walid.
Il a l'air gêné. Elle demande:

Walid fait oui avec la tête, quand son portable vibre.
– C'est ma mère!

Colette dit:
– Réponds! Moi, je dois aller chercher mes sœurs à l'école.
Colette monte sur son vélo et va partir quand elle entend Walid derrière elle:
– Je peux venir avec toi?
Elle descend de son vélo et tourne la tête:
– Pourquoi pas?
Ensemble, ils marchent dans les rues de Grenoble.
Rue Lafayette, place aux herbes, place Saint-André. Au loin, il y a les montagnes et déjà la neige.
La ville de Grenoble est vraiment très belle sous le soleil de novembre.

Fin

Liste des mots

Symbole und Abkürzungen

f. weiblich
m. männlich
pl. plural
qc quelque chose (=etwas)
qn quelqu'un (=jemand)
fermer Vokabel aus SB Découvertes neu 2, Unité 3

Chapitre 1

- **fermer qc** etw. schließen
- **un TGV** ein TGV (frz. Hochgeschwindigkeitszug)
- **un appartement** eine Wohnung
- **aller chercher qc** etw. abholen/holen
- **un mot d'absence** eine schriftliche Entschuldigung
- **une salle à manger** ein Esszimmer
- **un salon** ein Wohnzimmer
- **une chaise** ein Stuhl
- **une cuisine** eine Küche
- **ouvrir qc** etw. öffnen
- **un réfrigérateur** (*ugs.* frigo) ein Kühlschrank
- **debout** im Stehen
- **une carte postale** eine Postkarte
- **un week-end** ein Wochenende
- **le ski** das Skifahren, der Ski
- **une tante** eine Tante
- **un oncle** ein Onkel
- **un prospectus** ein Prospekt
- **leur/s** seine/ihre
- **le cœur** das Herz
- **le ventre** der Bauch
- **un médecin** ein Arzt
- **plutôt** eher; vielmehr; ziemlich
- **une télé** (***Abk.*** télevision) ein Fernseher
- **aller mal** jmd. schlecht gehen
- **vibrer** vibrieren

Chapitre 2

- **une salle de bain** ein Badezimmer
- **un vélo** ein Fahrrad
- **traverser qc** etw. überqueren
- **se sentir** sich fühlen
- **le téléphérique** die Seilbahn
- **un site** eine Lage; ein Standort; eine Gegend
- **ensuite** anschließend; danach
- **la via ferrata** der Klettersteig
- **la randonnée** die Wanderung
- **savoir faire qc** etw. tun können *(wissen, wie etw. geht)*
- **un mari** ein Ehemann
- **en route pour** auf dem Weg nach…; auf nach…
- **une voiture** ein Auto
- **un tramway** (***Abk.*** tram) eine Straßenbahn
- **un casque** ***(hier)*** ein Helm
- **crier** schreien
- **une personne** eine Person
- **gros/se** ***(hier)*** groß
- **une tache** ein Fleck
- **le visage** das Gesicht
- **timide** schüchtern

Chapitre 3

- **tôt** früh
un CPE Schulbeauftragter für Verwaltungs- und Disziplinarfragen
- **rencontrer qn** jmd. begegnen
absent abwesend
- **nombreux/se** zahlreich
préoccuper qn jmd. Sorgen machen; jmd. beschäftigen
- **seulement** nur
- **une pièce** ein Zimmer
- **une pause** eine Pause
- **une lettre** ein Brief
le harcèlement *(hier)* das Mobbing
eux sie (betont) *(m. Pl.)*
- **le contraire** das Gegenteil

Chapitre 4

- **gêné/e** verlegen
être au centre de l'attention im Mittelpunkt stehen
vers in Richtung
- **il/elle dit** er/sie sagt
- **sans faire qc** ohne etw. zu tun
une dictée ein Diktat
- **partir** weggehen; abfahren
- **de l'autre côté** auf der anderen Seite *(räumlich)*
l'été *(m.)* der Sommer
à trois zu dritt
- **à cause de qn/qc** wegen jmd./etw.
un pays ein Land
- **le/la même** derselbe/ dieselbe/ dasselbe
un corbeau ein Rabe
- **savoir** wissen
punir bestrafen
être sous le choc unter Schock stehen
- **prochain** nächstes

Chapitre 5

- **dormir** schlafen
une nuit eine Nacht
- **un/e cousin/e** ein/eine Cousin/e
une manifestation ein Demonstration
l'aide *(f.)* die Hilfe
faire peur Angst machen

Chapitre 6

ce n'est pas gagné *(hier)* das ist keine sichere Sache
- **le retard** die Verspätung
- **ranger qc** etw. aufräumen
un car ein Reisebus
critiquer kritisieren
- **une tomate** eine Tomate
se lever aufstehen
envoyer senden; schicken
un réseau (social) ein (soziales) Netzwerk
s'asseoir sich (hin)setzen
un jeu ein Spiel
amusant unterhaltsam; lustig
se demander sich fragen
- **pendant** während
un voyage eine Reise
- **une fenêtre** ein Fenster

Chapitre 7

respirer atmen
recevoir qc etw. bekommen; erhalten; empfangen
- **un nom** ein Name
afficher qc *(hier)* etw. anzeigen
un écran ein Bildschirm
exploser *(hier)* platzen
être nul blöd sein
une séparation *(hier)* eine Scheidung
divorcer sich scheiden lassen
- **C'est pourquoi** deshalb

Chapitre 8

- **heureux/se** glücklich
- **longtemps** lange

une direction eine Richtung

Chapitre 9

- **un appareil photo** ein Fotoapparat
- **un camping** ein Campingplatz; das Camping
- **cher/chère** teuer; lieb
- **un hôtel** ein Hotel
- **un matelas** eine Matratze

à la belle étoile im Freien

- **C'était génial.** Das war super.

regarder qc en face sich etw. stellen
la vérité die Wahrheit

Chapitre 10

inquiet/inquiète beunruhigt; unruhig
être perdu *(hier)* verloren sein
mal tourner schlecht enden
la vie das Leben
coincer qc etw. einklemmen
une branche ein Ast

- **tomber** fallen
- **mignon/ne** niedlich; süß

faire une chute stürzen

Chapitre 11

être soulagé erleichtert sein
compliqué kompliziert
le comportement das Verhalten

Chapitre 12

le courage der Mut
bref! Kurzum
pleurer weinen

Chapitre 13

ajouter hinzufügen
s'excuser sich entschuldigen
auprès de qn bei jmd.
plus *(hier)* mehr

Chapitre 14

un aveu das Geständnis

- **descendre** aussteigen; hinuntergehen *(hier: absteigen)*
- **la neige** der Schnee

Prénoms féminins

Alice
Colette
Mélina
Nathalie

Prénoms masculins

Léo
Walid

Noms géographiques

L'Asie *(f.)* Asien
Avignon frz. Stadt im Süden
Grenoble frz. Stadt am Rande der Alpen
Le Vercors frz. Gebirge am Rande der Alpen
Le fort de la Bastille Festung nördlich von Grenoble
L'Isère *(f.)* *(hier)* Fluss, der in Grenoble verläuft
Passerelle Saint-Laurent
Place aux Herbes
Place Saint-André
Place Sainte-Claire
Rue Brocherie
Rue Lafayette